Rosa Mayreder

Askese und Erotik

SEVERUS

Mayreder, Rosa: Askese und Erotik
Hamburg, SEVERUS Verlag 2014

ISBN: 978-3-86347-815-5
Druck: SEVERUS Verlag, Hamburg, 2014
Nachdruck der Originalausgabe von 1926

Der SEVERUS Verlag ist ein Imprint der
Diplomica Verlag GmbH.

Bibliografische Information der Deutschen Nationalbibliothek:
Die Deutsche Nationalbibliothek verzeichnet diese Publikation in der Deutschen Nationalbibliografie; detaillierte bibliografische Daten sind im Internet über http://dnb.d-nb.de abrufbar.

Askese und Erotik

SEVERUS
SEVERUS

I

Mehr als wir glauben mögen ist von der Vergangenheit noch Gegenwart — in sozialen Zuständen wie in unserer Seele. Diese Anwesenheit einer Vergangenheit, die wir nicht unmittelbar kennenlernen, macht die Gegenwart verworren und widerspruchsvoll, wenn wir die Zusammenhänge nicht kulturgeschichtlich verstehen. Das trifft auf keinem Gebiete so sehr zu wie auf dem sexuellen. Hier zeigen die Zustände, wie sie sich während der Kulturgeschichte ausbildeten, eine derartige Verwirrung sowohl der Instinkte wie der Wertsetzungen, daß man wohl berechtigt zu sein scheint, von Entartung zu sprechen.

Ein Vergleich mit dem Verhalten primitiver Völker in geschlechtlichen Dingen gereicht der Kulturmenschheit nicht zum Vorteil; und es ist nicht zu leugnen, daß das Gemeinschaftsleben jener Völker, wie die Vorstellungen, die sie sich über die Sexualität bildeten, weit eher der Bedeutung entsprechen, die dem Geschlechtstrieb als Mittel der Gattungserhaltung zukommt. An sich, als Quelle einer ewigen Lebenserneuerung betrachtet, muß der Geschlechtstrieb Ehrfurcht erwecken; von diesem Gesichtspunkt aus ist es intellektuell vollkommen zu verstehen, daß in die religiösen Vorstellungen früherer Zeiten der Geschlechtsakt als etwas den Göttern Heiliges, als Opferhandlung Darzubringendes aufgenommen war.

Viele Gebräuche bei verschiedenen Völkern des Altertums bezeugen diese Auffassung — so die babylonische Sitte, die jedes weibliche Wesen verpflichtete, seine Jungfräulichkeit im Tempel der Astarte darzubringen, oder die griechische Einrichtung des Hierodulendienstes an den Kultstätten der Aphrodite. Am deutlichsten tritt die Auffassung des Geschlechtsaktes als einer sakralen Handlung in jenen antiken Wald- und Feldkulten zutage, welche die Fruchtbarkeit des Erdreichs mit dem menschlichen Fortpflanzungsgeschehen in Zusammenhang brachten. Das Besondere an diesen Sitten, das, wodurch sie sich wesentlich von den Anschauungen späterer Kulturstufen unterscheiden, ist ihre Verbundenheit mit dem religiösen Gebiet des Seelenlebens.

Solche ehrfürchtigen Regungen in Dingen der Sexualität verlieren sich im weiteren Verlaufe der Kulturgeschichte gänzlich. Nicht nur, daß im gewöhnlichen Leben Leichtfertigkeit und Laszivität alles Geschlechtliche in etwas Obszönes, Gemeines, Lächerliches verwandeln — gerade die Ernstesten, die am stärksten von höheren Lebensideen Ergriffenen haben die Sexualität verneint, sie zum Gegenstand der Scham, des schlechten Gewissens, der sittlichen Auflehnung gemacht.

Woher kommt, als Symptom eines allgemein menschlichen Zustandes betrachtet, der Zorn und Eifer, den die Sexualität bei den Moralisten aller Zeiten entfesselt? Woher die metaphysische Bedeutung der Askese in jeder Weltanschauung, die den Menschen höheren Zuständen entgegenführen will? Warum verhalten sich in jeder Kultur diejenigen, die als Vorbilder betrachtet werden, als Lehrer und Führer, ob sie nun jüdische Propheten, griechische und römische Philosophen, buddhistische oder christliche Heilige sind, dem ungehemmten Ausleben natürlicher Triebe gegenüber ablehnend —? Haben nicht diese höheren Menschen eine verhängnisvolle Verirrung in das menschliche Gefühlsleben getragen und es mit den unerläßlichen Forderungen der Natur heillos entzweit —?

Man pflegt für die asketische Verwerfung der Sexualität gewöhnlich die christlichen Anschauungen verantwortlich zu machen, die das Abendland so viele Jahrhunderte hindurch beherrschten. Aber diese christlichen Anschauungen sind nichts Ursprüngliches; sie haben weitverzweigte Wurzeln in der menschlichen Geistesgeschichte. Tatsächlich reicht die asketische Tendenz viel weiter in die Menschheitsgeschichte zurück als das Christentum. Schon mit der sexuellen Unbefangenheit bei Völkern auf den Unterstufen der Kultur geht eine Inkonsequenz einher; schon bei ihnen tritt die Vorstellung der *Unreinheit* gegenüber sexuellen Handlungen auf, besonders ausgeprägt in den Vorschriften über religiöse Verrichtungen. „Es ist eine weitverbreitete Regel," sagt Westermark über die primitiven Völker, „daß jemand, der eine heilige Handlung vollziehen oder einen geweihten Ort betreten soll, streng rein sein muß; und keinerlei Unreinheit wird hierbei mehr gescheut als die sexuelle." Die Forderung der Enthaltsamkeit zu gewissen Zeiten und Zwecken erscheint auch bei solchen Völkern, die im übrigen von asketischen Anschauungen frei sind, wie z. B. die Mohammedaner, bei denen dem Mekkapilger vorgeschrieben ist, während der Dauer der Wallfahrt enthaltsam zu bleiben.

Auch wo noch von einer asketischen Auffassung im Sinne der Verwerfung keine Spur zu finden ist, wird der Enthaltsamkeit schon eine große Bedeutung beigemessen. Schon die wilden Völker, die sich während eines Krieges Enthaltsamkeit auferlegen, besitzen die Erfahrung, daß sich eine ungehemmte Befriedigung des Geschlechtswillens nicht mit einem besonderen Kraftaufwand in anderer Richtung verträgt. Namentlich geistige Leistungen fordern einen solchen Kraftaufwand; daher bekundet das Priestertum als die Lebensform, welcher die Vermittlung mit dem Göttlichen obliegt, schon in seinen Anfängen die Tendenz, aus einer strengen geschlechtlichen Lebensführung seine Eignung dafür abzuleiten. Ganz unabhängig voneinander entwickeln die verschiedensten Völker diese Auffassung über die Bedeutung der Enthaltsamkeit. So lehrten die *Neuplatoniker,* daß der Mensch nicht in die Sphäre des Göttlichen gelangt, daß seine Gebete nicht erhört werden, wenn er nicht durch Enthaltung „rein" geworden sei; und aus einem ganz anderen Kulturkreise her hegten die *Mauren* den Glauben, daß das Aussprechen von Koranstellen gegen die Macht der bösen Geister nur im Munde eines enthaltsamen Mannes wirksam sei.

Die Beobachtung, daß der Widerstand gegen die Gewalt des Naturtriebes die Kraft des Menschen nach einer anderen Richtung erhöht, scheint eben in sehr frühe Zeiten hinunterzureichen. In der modernen Psychologie wird diese Tatsache als Sublimierung bezeichnet. Sublimierung der sexuellen Impulse — das bedeutet die Umsetzung einer physischen Leistung in eine geistige. Die Voraussetzung dafür ist, daß die der physischen Leistung dienende Energie nicht im Physischen verbraucht, sondern für die *geistige* Leistung aufgewendet wird. Wenn eine solche Umsetzung tatsächlich möglich ist, so würde das allerdings die primitive Auffassung rechtfertigen, daß Enthaltsamkeit eine erhöhte geistige Macht bewirke, oder, in der Sprache einer früheren Zeit ausgedrückt, daß sie *magische* Kräfte verleihe.

Daraus ergibt sich der erste Gegensatz, in den das geistige Leben des Menschen zur Sexualität gerät. Sobald die Beschäftigung mit dem Übersinnlichen eine Eindämmung des sinnlichen Elementes in der Lebensführung zur Bedingung hat, kann die Sexualität ihre Ansprüche nicht mehr uneingeschränkt behaupten. Und je größer die geistigen Ansprüche werden, desto mehr gewinnt auch die Über-

windung und Unterdrückung sexueller Impulse an Bedeutung.
Zwei Welten scheiden sich da in der menschlichen Natur. Aus dem Sinnenwesen, das den elementaren Naturgewalten untertan ist, beginnt sich der Mensch als geistiges Wesen zu entfalten und sich ihnen kraft eines Vermögens gegenüberzustellen, das er allein vor allen anderen Wesen der Welt besitzt. Körper und Seele erscheinen fortan im menschlichen Bewußtsein als getrennte Gebiete, ja als Gegensätze. Und aus dieser Scheidung entspringt eine wunderbare Vorstellung, die jahrtausendelang die Menschheit mit religiöser Gewalt ergriff — die Vorstellung, daß ein Dämon höherer Art, die Seele, den menschlichen Körper bewohne, daß der Körper nur ein Gefängnis der Seele sei, und daß sie ihre wahre Heimat in einem Jenseits, in der Welt des Göttlichen, habe.
Der Ursprung dieser Vorstellung liegt in geschichtlichem Dunkel; sie wird zuerst als Geheimlehre verborgen gehalten und nur einer Auslese mitgeteilt. In dem von Diesseitsfreude erfüllten Griechentum erscheint sie bei den Orphikern und Pythagoräern, bis sie durch Plato eine allgemein zugängliche philosophi-

sche Ausgestaltung erfährt und von da aus im Denken der Kulturmenschheit immer weitere Kreise zieht. Und welche Vorstellung könnte den Menschen tiefer ergreifen als diese Lehre von der unsterblichen Seele? Nicht mehr ein vergängliches Geschöpf, den Dämonen der Naturgewalten ohnmächtig ausgeliefert, sondern mit dem Göttlichen verbunden, selbst ein Teil des Göttlichen, ist der Mensch in ein neues Verhältnis zur Welt gesetzt. Aber der Preis dafür ist eben die Askese. Askese — das heißt die durch den Willen bewirkte Eindämmung oder auch völlige Ertötung der aus dem körperlichen Leben herstammenden Begierden und Affekte zugunsten einer höheren Idee. Denn alles, was die Seele an den Körper bindet, erschwert und hindert ihren Aufstieg in die rein geistige Welt des Göttlichen.

Diese Auffassung hat — nicht zuerst, sondern zuletzt — als grundlegende Idee des religiösen Bewußtseins in der christlichen Askese ihre äußerste Konsequenz gezogen. Deshalb wird der christliche Asket immer entschiedener zum Gegner der Sexualität. Die Kämpfe, die er durch sie zu bestehen hat, die Störungen, die sie ihm bereitet, bestärken den Glauben, daß sie das Gebiet feindlicher, widergöttlicher

Mächte sei. Und genährt durch die physischen Wirkungen der Enthaltsamkeit, die in heftigen, leidenschaftlichen, überschwenglichen Temperamenten die seltsamsten Formen annehmen, bildet sich die phantastisch-metaphysische Auslegung innerer Zustände zu einem System heraus, in dem selbst die wichtigste Funktion des Geschlechtslebens, die Fortpflanzung, gegenüber den Vorteilen der Enthaltsamkeit gering gewertet wird. Der Kirchenvater Augustinus hat auf den Einwand, daß das Menschengeschlecht aussterben würde, wenn alle Menschen unbedingt enthaltsam blieben, geantwortet: „O daß es geschähe! Dann würde das Reich Gottes an die Stelle des Erdendaseins treten."

Wenn das Christentum als eine Synthese hellenischer und jüdischer Geisteselemente zu betrachten ist, so scheint seine asketische Tendenz aus den orphisch-platonischen Einflüssen herzustammen. Auf der Stufe der *jüdischen* Sexualethik, wie sie das Alte Testament überliefert, ist von einer Verwerfung der Sexualität im asketischen Sinn keine Rede. Der Geschlechtstrieb wird durch den Zweck der Fortpflanzung gerechtfertigt und der Sündenfall des ersten Menschenpaares, der die Vertreibung aus dem Paradies zur Folge hatte, nicht aus einer geschlechtlichen Handlung hergeleitet. Jehova, der sein auserwähltes Volk zur unbeschränkten Vermehrung verpflichtet, bestraft nur jene geschlechtlichen Handlungen, die diesem Zweck zuwiderlaufen.

Dennoch tritt in der jüdischen Geheimlehre, in der Kabbala, eine Vorstellung auf, die mit einer unbedingten Bejahung der Sexualität nicht vereinbar ist. Die Kabbala lehrt, daß es eine höhere Art der Zeugung gebe als die geschlechtliche, nämlich die Zeugung durch *magische Imagination.* Der ursprüngliche Adam, der Adam Kadmon, ein mannweibliches Wesen, habe die Fähigkeit der Fortpflanzung durch magische Imagination besessen. Erst durch den Sündenfall, der das Herabsteigen aus der Geisteswelt in die Sinnenwelt bedeutet, verlor Adam diese Fähigkeit und damit das Paradies, um fortan als Mensch in zwei Geschlechter gespalten ein unseliges, dem Tode verfallenes Erdendasein zu führen. Nebenbei bemerkt: an die Möglichkeit einer Zeugung durch magische Imagination glaubte noch ein so großer Naturkenner wie Paracelsus; er nannte die Fortpflanzung auf geschlechtlichem Wege die salnitrische und betrachtete sie als verwerflich, weil sie ein

Hindernis der magischen Zeugung bildet, die er die iliastrische nennt.

Was an diesen wunderlichen Phantasien bemerkenswert bleibt, das ist die symptomatische Bedeutung für die Art, wie sich der menschliche Geist in seiner Entwicklung gegenüber der Sexualität verhält. Daß dieses Verhalten in den verschiedensten Zeiten und bei den verschiedensten Völkern in gleicher Weise auftritt, deutet auf eine tiefe Ursache in der menschlichen Veranlagung. So verkehrt und widersinnig die asketische Verneinung des sexuellen Lebens erscheint, solange man sie nur mit Hinblick auf das Naturgemäße der Fortpflanzung betrachtet — der Widersinn verwandelt sich in eine logische Folgerung, sobald man die Voraussetzung gelten läßt, daß eine rein geistige Existenz, ein Reich Gottes durch die Überwindung aller sogenannten fleischlichen Begierden verwirklicht werden kann. Die heroische Gewalt, mit welcher der Geist in der menschlichen Natur um die Oberhoheit ringt, zeigt sich nirgends deutlicher als in den Ideen, die er über die metaphysische Bedeutung des menschlichen Verhaltens in Dingen der Sexualität ausbildet, und in den Wertsetzungen, die damit einhergehen.

Je stärker die Ansprüche des Geistes werden, desto mehr fühlt er sich durch die Ansprüche der Sinnlichkeit beeinträchtigt. Der erste christliche Zeuge dafür ist der Apostel Paulus. Denn die Evangelien als das Bekenntnis einfacher Seelen enthalten sowenig wie das Alte Testament eine asketische Tendenz — außer man wollte die Vorstellung der unbefleckten Empfängnis, durch die Jesus in das Erdendasein eintritt, wegen ihrer Verwandtschaft mit der Zeugung durch magische Imagination aus einer asketischen Verwerfung der natürlichen Zeugung ableiten. Doch wurde die Entstehung heldenhafter, das gewöhnliche Maß überragender einzelner in frühen Zeiten vielfach auf wunderbare Vorgänge außerhalb der sexuellen Sphäre zurückgeführt, ohne daß dabei ein negatives Werturteil über die natürliche Zeugung mitspielte.

Bei dem Apostel Paulus aber wird die asketische Tendenz in vielerlei Aussprüchen deutlich sichtbar; er ist der erste in der langen Reihe christlicher Heiliger, die den Weg zu Gott in der Abtötung des Fleisches suchten. Zugleich ist er einer der ersten, die dem Zwiespalt der menschlichen Natur zwischen den Ansprüchen des Körpers und des Geistes ergreifenden Ausdruck verliehen haben. So, wenn er in der Epistel an die Römer schreibt: „Ich sehe ein Gesetz in meinen Gliedern, das da widerstreitet dem Gesetz in meinem Gemüte .... Denn das Gute, das ich will, das tue ich nicht, sondern das Böse, das ich nicht will, das tue ich .. So diene ich nun mit dem Gemüte dem Gesetz Gottes, aber mit dem Fleische dem Gesetz der Sünde."

In diesem Zwiespalt verrät sich auch etwas von der *psychologischen* Motivation des asketischen Lebensideals. Die objektiv-intellektuelle Motivation desselben entsprang aus der Überzeugung, daß der Sinn des Lebens im Jenseits liege und das Diesseits nur eine Vorbereitung, eine Prüfung für die jenseitige Bestimmung des Menschen sei. Dabei wurde angenommen, daß die Seele unsterblich und Gott angehörig, der Körper mit seinen Trieben hingegen dem Tode verfallen und aus dem Reiche Gottes ausgeschlossen sei.

Die subjektiv-psychologische Motivation der Askese aber ist nicht so durchsichtig. Man muß da fragen: Welche Tatsache des Seelenlebens stand hinter dem Widerstreben gegen die Sexualität? Welcher psychische Vorgang hat den Anstoß gegeben, daß die Asketen der

Vergangenheit gerade in den geschlechtlichen Dingen etwas Sündhaftes, ein Hindernis der Erlösung, einen Abfall von Gott erblicken konnten —?

Zu der Einschränkung der geistigen Ansprüche durch die sexuellen, die „Gehirn und Geschlecht" als einander entgegengesetzte Pole erscheinen läßt, gesellt sich eine andere Einbuße, die das höhere Seelenleben durch die Sexualität erleidet. Es ist ein physiologisches Gesetz, daß jeder Erregung ein Rückschlag folgt; der Grad der Anspannung bestimmt den Grad der Abspannung. In der sexuellen Sphäre, wo der Organismus zu seiner höchsten physiologischen Leistung angespannt wird, ist auch die Reaktion am stärksten. Omne animal post coitum triste. Beim Menschen zieht die somatische Reaktion eine seelische nach sich, deren Wirkung eine verhängnisvolle sein kann. Die Ernüchterung erzeugt eine Art physischen Widerwillens oder selbst Ekels vor dem, was eben noch der Gegenstand des heftigsten Begehrens war — eine analoge Erscheinung wie bei der Ernährung Hunger und Sättigung — und nimmt im Bewußtsein leicht die Gestalt des Überdrusses oder der Reue an. Die Unlustgefühle der Reaktion werden als Einwand gegen ihre Ursache gedeutet, als etwas Unrechtes, Sündhaftes, der höheren Natur des Menschen Feindliches. Das Streben nach seelischem Gleichgewicht, das in so hohem Maße die Lebenswerte bestimmt, wird durch den Geschlechtsakt gestört; und je empfindlicher die seelische Konstitution eines Menschen ist, desto peinlicher wird ihm diese Störung des inneren Gleichgewichtes, namentlich wenn der geistige Ehrgeiz bei ihm die Herrschaft führt. Dieser Ehrgeiz duldet keine Macht neben sich, die ihn von Zeit zu Zeit absetzt, um dem Elementaren Raum zu gewähren. Dazu kommt, daß die Übel und Leiden, mit denen das Erdendasein behaftet ist, bei zunehmender Vertiefung des Seelenlebens immer unerträglicher werden. Man entrinnt ihnen am ehesten durch die Flucht in einen kontemplativen Gemütszustand, dessen Gleichgewicht durch Affekte nicht beeinträchtigt werden soll.

Das ist das entscheidende Motiv in der buddhistischen Askese. Da nicht bloß die Lust, sondern auch das Leiden eine Störung des seelischen Gleichgewichtes mit sich bringt, zielt die Lebensführung des Yogi nach einer Bewußtseinslage unbeweglicher Abgeschiedenheit, die ihm die Vorbereitung für das Nirwana bedeutet.

Aber selbst das Nirwana darf er sich nicht mit Vorstellungen himmlischer Seligkeit schmükken; nicht Gottesliebe ist der Beweggrund seiner Weltüberwindung — was ihn leitet, ist einzig das Streben, eine Ordnung des Seins in sich zu vernichten, die auf keine andere Weise vom Leiden erlöst werden kann.

Ganz anders verhält sich die christliche Askese gegenüber dem Leiden. Für sie bedeutet Leiden den Weg zu Gott. Sie unterscheidet zwischen niedrigen und hohen Affekten; jene gehören dem vergänglichen und verworfenen Reich des Körperlichen an, diese dem göttlichen und ewigen Reich des Geistes, dessen sublimste Gestalt die Ekstase mit ihren himmlischen Offenbarungen ist. Es scheint, daß ekstatische Zustände nur durch andauernde Kasteiungen, namentlich durch Fasten herbeizuführen sind — wie denn auch vielfach Leute, die sich aus hygienischen Gründen einer Hungerkur unterziehen, bezeugen, daß sie in den späteren Stadien derselben eine besondere geistige Helligkeit und Beschwingtheit an sich wahrnahmen.

Dem christlichen Asketen des ersten Jahrtausends waren die physischen Genüsse der Sexualität verleidet, und die Gefühlserhöhungen, die aus ihrer Verknüpfung mit seelischem Gehalt hervorgehen, gewährte ihm seine Konstitution nicht. Liebe kannte er nur als einen von sexueller Betonung völlig freien Gemütszustand: als Nächstenliebe, als Gottesliebe suchte er ihn mit aller Inbrunst in sich zu entfalten, um die Störung desselben durch sinnliche Regungen mit äußerster Anstrengung zu unterdrücken.

Für eine seelische Konstitution von solcher Beschaffenheit gibt es keinen anderen Weg der Befreiung aus den Beschwerden eines unlösbaren Dilemmas als die Abtötung des Fleisches. Wo diese Entzweiung zwischen Geist und Körper besteht, wo zwischen Geschlechtstrieb und Persönlichkeit die Vermittlung der Liebesfähigkeit fehlt, tritt bei geistig orientierten Menschen ein mit negativen Wertsetzungen verbundener Widerwille gegenüber der Sexualität auf. Zu seinen Begleiterscheinungen gehören unter anderem auch abfällige Urteile über das weibliche Geschlecht. Es sei nur an den heiligen Hieronymus erinnert, der das Weib „die Pforte der Hölle“ nannte — indes doch wohl die Hölle in dem Zwiespalt seiner Konstitution lag. Aber jeder Mensch sucht die Rechtfertigung seiner individuellen Anlage in der Weltanschauung, die er sich bildet: seine Welterklärung ist intellektueller Kommentar zu seinem Ich. Nur offenbaren sich die Zusammenhänge zwischen dem intellektuellen Prozeß, aus dem eine Weltanschauung entsteht, und der psychischen Beschaffenheit der denkenden Person selten in nachweislichen Zeichen. Bei einigen modernen Denkern, bei Schopenhauer zum Beispiel und bei Weininger — beide in ihrer Schätzung des Weibes würdige Nachfolger des heiligen Hieronymus —, hat man diese Zusammenhänge aufzuzeigen versucht; bei den alten Denkern, deren Schicksale bestenfalls von der Außenseite überliefert sind, fehlen fast alle Anhaltspunkte. Aber daß ihren Anschauungen ein Zwiespalt zwischen den Ansprüchen des geistigen Lebens und denen des sinnlichen zugrunde lag, geht aus den erwähnten Äußerungen des heiligen Paulus unzweifelhaft hervor. Auch Augustinus spricht in seinen Bekenntnissen von diesem Zwiespalt, wenn er sagt: „Ein und dieselbe Seele ist es, die mit halbem Willen das eine und mit halbem Willen das andere will; darum wird sie zu ihrer schweren Pein auseinandergerissen.“ Paulus und Augustinus sind die ersten Zeugen für einen Seelenzustand, den viele Jahrhunderte später der Verkünder eines ganz anderen Menschentums in die ruhmreichen Worte faßte:

„Zwei Seelen wohnen, ach in meiner Brust;
Die eine will sich von der andern trennen,
Die eine hält, in derber Liebeslust
Sich an die Welt mit klammernden Organen;
Die andre hebt gewaltsam sich vom Dust
Zu den Gefilden hoher Ahnen.“

II

Wir haben bisher zwei Motivationen der Askese kennengelernt — die intellektuelle, die der Seele eine durch Überwindung der sinnlichen Triebe zu erlangende Heimat im Jenseits zuerkennt, und die psychologische, die den Anlaß der Askese aus einem ungelösten Zwiespalt einander bekämpfender Triebrichtungen herleitet. In dieser psychologischen Motivation läßt sich noch ein anderes Moment erkennen, das in dem Verhältnis von Askese und Erotik ausschlaggebende Bedeutung gewinnen sollte: die Entwicklung der Persönlichkeit. Es ist jene Tatsache des Seelenlebens, die neben dem Wachstum der Verstandestätigkeit den Menschen der Gegenwart am stärksten von dem Menschen früherer Epochen trennt.

Der Mangel an Persönlichkeitsbewußtsein in

der primitiven Psyche erschwert für uns das Verständnis derselben. Daß sich der einzelne von seinem Stamm nicht zu unterscheiden vermag, wofür die Indianer unterster Stufe Zeugnis geben, ist uns kaum vorstellbar. Und doch kannte noch der Mensch des frühen Altertums den Begriff der Persönlichkeit, wie er uns geläufig ist, nicht. Ganz abgesehen von den Sklaven, die durchaus nur als Sache betrachtet wurden: auch der Freie im Volk war seinem eigenen Empfinden nach mehr Objekt als Subjekt, Mittel, Werkzeug sowohl dämonischer als höherer menschlicher Gewalten.

Darin, in diesem Mangel an Persönlichkeit, liegt eine der Erklärungen für die antike Auffassung des Geschlechtsaktes als einer sakralen Handlung, deren besonderes Kennzeichen die Unpersönlichkeit war. Gerade was für den modernen Menschen der Sexualität einen Rang als Seelenwert verleiht, die Beziehung auf eine bestimmte Person, das erotische Motiv, war davon ausgeschlossen. Um religiöse Bedeutung zu haben, durfte die sakrale Geschlechtshandlung nicht durch persönliche Lustgefühle veranlaßt sein; nicht der Person zuliebe, sondern nur der magischen Wirkung wegen muß sie vollzogen werden. Durch das Moment der persönlichen Hinneigung würde sie als Opfer entwertet. Es gehört zum Wesen des Opfers, daß das persönliche Interesse ausgeschaltet ist; die Heiligung des Geschlechtsaktes fordert die Hingegebenheit des Darbringenden an ein über ihn gesetztes Daseinsprinzip, das er in Gestalt der Gottheit verehrt. Eine solche Auffassung war nur auf einer bestimmten Stufe der persönlichen Entwicklung möglich; sie hat zur Voraussetzung, daß das persönliche Moment auch im profanen Sexualleben eine untergeordnete Rolle spielt, und daß der Mensch sich dem Göttlichen gegenüber keinerlei Eigenwert zuerkennt.

Daher erscheinen in den religiösen Vorstellungen des Altertums die Götter als die Eigentümer des Menschen, die mit ihm wie mit anderen Naturobjekten schalten, ohne daß das Selbstbewußtsein des einzelnen sich dagegen sträubt. Im Gegenteil: die antike Frömmigkeit bestand gerade darin, sich als bloßes Werkzeug des göttlichen Willens zu betrachten und sich gegen das unverschuldete Unglück, das die Götter verhängen, nicht aufzulehnen — eine Frömmigkeit, die auch Sophokles mit der Tragödie des Ödipus bekundet. Im Buch Hiob wird der Held, ein Mann von tadelloser Vortrefflichkeit, zum Gegenstand einer Wette zwischen Jehova und Satan gemacht und deshalb in die äußersten Drangsale gestürzt. Ja noch Paulus erkennt trotz des christlichen Erlösungsgedankens dem einzelnen gegenüber Gott keinerlei Persönlichkeitsrechte zu, indem er (im Brief an die Römer) sagt: „Ja lieber Mensch, wer bist denn du, daß du mit Gott rechten willst? ... Hat nicht ein Töpfer Macht, aus einem Klumpen zu machen ein Gefäß zu Ehren und das andere zu Unehren?"

Rechte der Persönlichkeit nach modernen Begriffen besaßen allenfalls Könige, Feldherren oder Priester, und auch diese mehr im Sinne äußerer Machtvollkommenheit als im Sinne eines inneren Vermögens. Als solches tritt das Persönlichkeitsbewußtsein am frühesten bei geistig überragenden einzelnen auf, bei Philosophen und Weisen, hauptsächlich bei jenen, die sich für Träger einer unsterblichen Seele göttlicher Abstammung halten. Aber erst die Stoiker haben den Wert des Menschen unabhängig von seiner jenseitigen Bestimmung in Eigenschaften gesucht, die ihn zum Herrn über sich selbst und dadurch zum Herrn seines Schicksals machen können. Nur blieb auch die Stoa das Bekenntnis Auserwählter, die durch intellektuelle Überlegenheit in der Lage waren, den Forderungen eines solchen Lebensideals zu genügen. Zur Gefühlstatsache, jedem einzelnen ohne Unterschied zugänglich, wird das Persönlichkeitsbewußtsein erst durch das Christentum. Betrachtet man die Kulturgeschichte auf den Prozeß der Persönlichkeitsentwicklung hin, dann gebührt der christlichen Lehre von der Erlösung durch den Opfertod Christi eine besondere Stellung. Sie leitet eine neue Epoche des menschlichen Selbstbewußtseins ein. Denn der Sohn Gottes, der sich selbst zum Opfer bringt, um den Zorn des Vaters von der Menschheit abzuwenden, setzt sie in ein ganz anderes Verhältnis zum Göttlichen, als es bis dahin gedacht wurde. Durch die ungeheure Tat des Opfertodes ist jeder einzelne von dem Erbübel, das dem Menschentum anhaftet, losgekauft, jeder einzelne Gegenstand der Liebe, die ihr Beweggrund war, jeder einzelne Teilhaber an der Person Christi.

Auf diese Weise tritt der Mensch zu Gott in das Verhältnis der Kindschaft; und kraft dieser Gotteskindschaft wird er aus einem Mittel und Werkzeug ein Wesen, mit Eigenwert, berufen zur selbständigen Herrschaft über die Dämonen des elementaren Lebens.

Damit hatte das Persönlichkeitsbewußtsein des Menschen eine religiöse Idee von höchstem Rang aus sich hervorgebracht. Das Volk, aus dem sie herstammt, das jüdische, war bezeichnenderweise das erste, das den Geschlechtsakt als Opferhandlung bekämpfte. Der Ingrimm, mit dem seine Gesetzgeber gegen jene eifern, die „ihres Samens dem Moloch opfern", bezeugt, daß eine andere Auffassung der Sexualität sich Bahn brechen will — eine Auffassung allerdings, die zu ihrer vollen Ausbildung erst nach vielen Jahrhunderten gelangte. Der angeführte Vergleich des Menschen mit einem Töpferwerk Gottes zeigt, daß auch der Größte unter den ersten Christen trotz des Erlösungsgedankens an der antiken Auffassung des Menschen als einer bloßen Sache noch keinen Anstoß nahm.

III

Wenn wir fragen, wie das Persönlichkeitsbewußtsein in der menschlichen Psyche entstanden ist, so finden wir in der Askese den Anstoß dazu. Persönlichkeit sein heißt, sich über das unberechenbare Walten blinder Naturkräfte innerlich so weit erheben, als es durch die Macht des eigenen Willens möglich

ist. Kant hat als das Wesentliche der Persönlichkeit „die Freiheit und Unabhängigkeit von dem Mechanismus der elementaren Natur“ bezeichnet. Hätte der Mensch diese Unabhängigkeit als innerlichen Zustand erwerben können, wenn er nicht durch Askese dahin gelangt wäre, sich zum Herrn des Elementaren in seiner eigenen Brust zu machen? Die Askese war es, die ihn dazu anleitete; sobald er die Fähigkeit der Überwindung besaß, konnte er sich der elementaren Natur überlegen und zu einer von allen anderen Lebewesen in der Welt verschiedenen Stellung berufen fühlen.
Zwar lag der asketischen Richtung in ihren Anfängen keineswegs ein solches Ziel zugrunde. Auch hier hat sich einer jener Fälle ereignet, die Wundt als „Heterogenie der Zwecke“ bezeichnet. Die Absicht der Askese war, das menschliche Wesen von den Banden des Körperlichen zu befreien, um es einem höheren Zustand im Jenseits zuzuführen; damit aber hat sie es erst fähig gemacht, das Diesseits durch Überordnung des Geistigen in ungeahnter Weise zu bereichern.
Als bedeutsamste Erscheinung im Laufe dieser Entwicklung tritt das Verhältnis der Persönlichkeit zur Sexualität in der seelischen Verfassung

hervor. Schon die Askese der Zwiespaltsmenschen kündigt eine Auflehnung der Persönlichkeit gegen die Herrschaft des Trieblebens an. Seinen ursprünglichen Äußerungen nach ist der Geschlechtstrieb unpersönlich; das elementare Begehren richtet sich nicht auf eine Person, sondern nur auf ein beliebiges Individuum des anderen Geschlechtes. Je weiter aber die Entwicklung der Persönlichkeit fortschreitet, desto mehr erfüllt sich auch das geschlechtliche Gebiet mit persönlichem Gehalt. Immer mehr wird die Liebesbeziehung zweier Menschen verschiedenen Geschlechtes zu einer wichtigen Angelegenheit des individuellen Seelenlebens; die Ansprüche der Persönlichkeit bemächtigen sich auch jenes Triebes, der als Natureinrichtung nur der Gattungserhaltung zu dienen hat — ein seelischer Vorgang, dessen Ausdruck die persönlich orientierte Geschlechtsliebe ist.

Die Auszeichnung der Geschlechtsliebe im Hinblick auf die Entwicklung, die uns beschäftigt, besteht darin, daß sie eine organische Verbindung jener getrennten Bewußtseinsgebiete herstellt, die Körper und Seele heißen. Als Liebesbeweis, als Hingegebenheit an eine bestimmte Person wird das sexuelle Begehren mit Vorstellungen verknüpft, die aus dem

Reich des Geistes, des Göttlichen herstammen. Kraft dieser Verknüpfung erhält das Geschlechtliche in der Seele eine andere Gefühlsbetonung. Der von Liebe ergriffene Mensch fühlt sich nicht willenlos überwältigt; das durch den eigenen Willen gebilligte Verlangen erscheint nicht wie die unpersönliche Begierde als das Werk einer fremden Gewalt, weil es zu dem Empfindungskomplex der Persönlichkeit gehört, und diese durch die Erfüllung einer Zuneigung nicht wie bei der Befriedigung eines den Willen unterjochenden blinden Triebes herabgesetzt wird.

IV

So groß das Verdienst des Christentums an der Ausbildung des Persönlichkeitsbewußtseins ist, es konnte doch fürs erste an dem sexuellen Gebiet der Psyche nicht jene Veränderung bewirken, die zur vollen Entfaltung der Erotik notwendig war.

Denn die christlichen Lehrer der ersten Jahrhunderte waren fast durchweg Zwiespaltsmenschen ohne erotische Verfeinerung. In ihrem Innenleben fehlte noch jene organische Verbindung zwischen Seele und Sinnen, welche die Voraussetzung der eigentlichen Erotik ist.

Das Geschlechtliche blieb für sie ein Element der Unreinheit und Sündhaftigkeit, ein Gegenstand des schlechten Gewissens. Ihre Vorschriften verpflichteten die Auserwählten zur „Keuschheit“, die nach der Auffassung der unbedingten Askese völlige Ertötung sexueller Regungen bedeutet; der Menge gegenüber gewährte sie als Zugeständnis an die Natur eine lebenslängliche Monogamie, wie sie die sakramentale Ehe darstellt, bei der sich der Begriff der Keuschheit auf eine strenge Ausschließlichkeit beschränkt. Auch in der christlichen Ehe bildete die Sexualität nur ein geduldetes Element, obwohl die Ehe im Prinzip schon als ein persönliches Bündnis aufgefaßt wird. Durch die Milderung des Keuschheitsbegriffes auf die Forderung der strengen Ausschließlichkeit erscheint sie als eine Form der bedingten Askese.

Bedingte Askese — das bedeutet einen bemerkenswerten und wesentlichen Unterschied gegenüber der unbedingten Askese, von der bisher die Rede war. Die unbedingte Askese geht von der Annahme aus, daß alles Körperliche die Seele an ihrer wahren Bestimmung hindert, und gipfelt in der Forderung, die Sinnlichkeit gänzlich zu ertöten, selbst um den

Preis, daß dadurch die Fortpflanzung der Gattung vereitelt wird — sie ist lebenverneinend. Die bedingte Askese hingegen ist lebenbejahend; sie billigt als den Zweck der Ehe die Fortpflanzung, fordert aber zugleich im Interesse der Persönlichkeit die Beherrschung der sinnlichen Triebe durch Überordnung eines geistigen Prinzips, das ebensowohl die Pflicht als die Liebe sein kann oder irgendeine andere Idee höherer Lebensgestaltung. Gemäß dem ursprünglichen Sinn des Wortes ist die bedingte Askese eine „Übung", die man sich aufzuerlegen hat, um Herr über sich selbst zu bleiben und die Schwächen des eigenen Wesens durch Willensanspannung zu besiegen. In dieser höheren Ökonomie der seelischen Kräfte liegt ihre große Bedeutung, ihr unvergänglicher Rang unter den geistigen Werten. Von der Beschränkung auf die Ehe abgesehen, behauptet auch in der Gegenwart, die vermeintlich von Askese nichts mehr wissen will, auf jedem Gebiete, das eine äußerste Anstrengung im Dienste der erstrebten Leistung fordert, ja selbst wenn es sich bloß um sportliche Interessen handelt, die bedingte Askese ihre Herrschaft. Sie liegt aller Pflichterfüllung zugrunde, wie aller Zuverlässigkeit, Standhaftigkeit, Tüchtigkeit, auf die das menschliche Gemeinschaftsleben in so hohem Grade angewiesen ist.

Wider das Gelübde der unverbrüchlichen Treue in der christlichen Ehe zu verstoßen, galt als ebenso schmachvoll und sündhaft wie eine Verfehlung gegen das mönchische Gelübde der unverbrüchlichen Enthaltsamkeit. Ausschließlichkeit unter allen Umständen, um jeden Preis, unter Hintansetzung jeder anderen Rücksicht, das gehörte zu den Fundamentalgesetzen der christlichen Ehe. Augustinus empfiehlt den Frauen, eifersüchtig zu sein, aber „nicht um ihres Fleisches willen, sondern um des Heiles der Männer willen." Er ruft ihnen zu: „Verachte alles aus Liebe zu deinem Mann — nur keusch soll er bleiben, die eheliche Treue sei dein Wunsch, dafür streite du." Dem Verheirateten wurde keine völlige Enthaltung auferlegt; da jedoch sein sexuelles Leben ein für allemal an eine bestimmte Person gebunden blieb, hatte das geschlechtliche Motiv in seinen ferneren Erlebnissen nicht mehr mitzusprechen. Die fortwährende Beunruhigung durch Gelegenheiten und Versuchungen zu sexuellen Abenteuern, denen der Ungebundene ausgesetzt ist, fällt für denjenigen weg, der seinen Willen in die Treue setzt.

Aber diese gegenseitige Treue in der christlichen Ehe war nicht um des persönlichen Verhältnisses der Ehegatten zueinander willen gefordert, sondern um der Idee der Keuschheit willen. Ein Gebiet seelischer Kultur, ein Mittel der Lebensverschönerung und Gefühlsbereicherung konnte die christliche Ehe nach der ihr zugrunde liegenden Auffassung, die sich vornehmlich auf den Pflichtbegriff beschränkte, nicht werden. Außer der Verpflichtung zur Treue war es die Verpflichtung zur Fortpflanzung, die den Ehegatten als Bedingung ihrer sexuellen Beziehungen vorgeschrieben war. Wie diese selbst durch reine, schöne, hochgestimmte Gefühle zu läutern und zu veredeln, wie sie mit dem geistigen Wesen zu versöhnen seien, dazu konnte die christliche Askese auch in der von ihr gebilligten Eheform keine Anleitung geben.
Ohne ästhetische Betonung und ohne ideelle Richtung ist die Sexualität das, was die unbedingte Askese in ihr erblickt: ein herabziehender, mit niedrigen Eigenschaften der menschlichen Natur verschwisterter Trieb, der die unheilvollsten Erscheinungen des Gemeinschaftslebens zum Gefolge hat. Schön wird die Sexualität erst durch ihre Verbindung mit Elementen der Lebenskultur, edel durch ihre Be-

seelung mit Liebesgefühlen. In der antiken Welt hat das ästhetische Moment der Sexualität zuerst einen höheren Gehalt verliehen, ohne daß sie sich noch zu seelisch persönlicher Erotik verfeinert hätte. Was Ovid in seiner Ars amandi als Liebe versteht, ist eine Form des ästhetisch-sexuellen Erlebens, die mit dem Begriff der Liebe als einer seelischen Gemeinschaft nichts zu tun hat. Der Gott, der hier die Herzen lenkt, ist Cupido, der leichtfertige Knabe, nicht jener Eros, der in der älteren griechischen Theogonie den Rang eines Schöpfers der Welt genoß, und der zuerst in der mannmännlichen Liebe der Griechen als Seelenmacht auftrat. Selbst das reizende und tiefsinnige Märchen von Amor und Psyche ist hauptsächlich ästhetisch orientiert. Psyche, wie es der antiken Sitte entspricht, einem Unbekannten angetraut, wird durch den Anblick seiner Schönheit zur Liebe hingerissen; und wenn man will, kann das Verbot, ihn kennenzulernen, als Symptom dafür gedeutet werden, was die antike Liebe von der seelischen Nähe zwischen Mann und Weib hielt.

Und so scheint es nun geboten, genauer zu umschreiben, was für uns Erotik im engeren Sinne bedeutet. Die wahllose Verwendung scheinbar synonymer Worte, die so vielfach

Verwirrung stiftet, trifft auch die Bezeichnung Erotik; sie wird häufig für die Äußerungen der bloß triebhaften Sexualität benützt, indes hier als Erotik ausschließlich jene höheren psychischen Leistungen verstanden werden, die sich im Lauf der Kultur organisch mit dem sexuellen Triebe verknüpfen. Nur in dieser Auffassung läßt sich die Beziehung zwischen Askese und Erotik beleuchten. Zwei Gebiete des menschlichen Empfindens werden damit berührt, die, wie die Erscheinung des Lebens als kosmischer Naturkraft selbst, auf einer polaren Gegensätzlichkeit beruhen: Gattung und Persönlichkeit. Aber nicht um eine Auswirkung ihrer feindlichen Eigenschaften handelt sich's dabei, sondern um deren Ausgleich durch Ergänzung. So einfach dieser Vorgang der Ausgleichung polarer Tendenzen in der anorganischen Natur und auch noch in den primitiven Formen der organischen erscheint, so verwickelt, so widerspruchsvoll, so dunkel wird er dort, wo sich das geistige Leben aus dem elementaren entfaltet.

Nur zur Sexualität als einem blinden Triebe steht die Askese in verneinendem Gegensatz; ihr Verhältnis zur Erotik, als Differenzierung der primitiv triebhaften Sexualität zu einer geistigen Erscheinung, ist in gewisser Beziehung eher das von Ursache und Wirkung, wenn auch nicht auf einer geraden Linie.

Verfolgen wir den Weg dieser Entwicklung, so tritt uns jenes große Ereignis des mittelalterlichen Seelenlebens entgegen, das wie ein Wunder aus der christlich-asketischen Weltanschauung hervorblüht. Es ist der ritterliche Minnedienst.

Das Empfinden der Durchschnittsmenschen unterschied sich im Mittelalter trotz des Christentums nicht wesentlich von dem antiken. Viele Sitten dieser Zeit zeigen, daß die heidnische Unbefangenheit in Dingen des Geschlechtes noch immer herrschte. Für die große Mehrzahl blieben die Probleme der hohen Geistigkeit, wie sie die Kirchenväter aufgerollt hatten, ein unbekanntes Land. Selbst die Angehörigen des geistlichen Standes haben Enthaltsamkeit durchaus nicht als unerläßliches Gebot betrachtet, und ihre Lebensführung unterschied sich offen oder geheim nur ausnahmsweise von der weltlichen. Dennoch war die Rangordnung der Menschen so sehr durch das geistliche Lebensideal bestimmt, daß ein Mann der Wissenschaft, ein Gelehrter, ein Philosoph im Cölibat leben mußte. So fand es beispielsweise Heloise vollkommen gerechtfertigt, daß Abälard nicht daran dachte, sie zu heiraten, weil er als gelehrter Mann durch die Ehe alles Ansehen verloren hätte.

Noch in der ursprünglichen christlichen Ehe zielt keine Forderung nach einem erotischen Erlebnis in höherem Sinne. Daß unter der Herrschaft der christlichen Sexualmoral die Umwandlung der Sexualität zur hohen Liebe stattfinden konnte, ist in der Tat ein Ereignis ohnegleichen in der Geschichte der menschlichen Seele. Innerhalb der Verdammnis und Unterdrückung der Sexualität vollzieht sich die außerordentlichste Erhöhung und Veredlung des sexuellen Empfindens. So unverständlich dies auf den ersten Blick sein mag: die Erscheinung einer mit den edelsten geistigen Antrieben organisch verwachsenen Erotik, wie sie mit dem Minnedienst überraschend in die Welt tritt, verdankt unverkennbar einer Verknüpfung religiöser Motive mit sexuellen ihren Ursprung.

Diese mit religiösen Motiven durchsetzte Erotik, deren schwärmerischer Flug in den Kundgebungen des Minnegesanges erhalten geblieben ist, trägt aber deutlich das Gepräge einer nicht völlig überwundenen Zweiteilung des Seelenlebens. Die unumgängliche Forderung des Minnedienstes, der sich niemals in den ehelichen Beziehungen, sondern immer unter gesellschaftlich voneinander ferngehaltenen Personen abspielt, ist Distanz. Eine solche Wichtigkeit wird dieser Distanz zwischen den Liebenden zugeschrieben, daß nach den Anschauungen des Minnezeitalters Liebe unter Ehegatten überhaupt nicht stattfinden kann. Distanz in der Liebe deutet aber immer auf einen ungelösten und unlösbaren Rest in der seelischen Verschmelzung. Das Bedürfnis nach Distanz ist ein Symptom dafür, daß die Verknüpfung zwischen dem seelischen und dem sexuellen Gebiet im Bewußtsein Schwierigkeiten bereitet, die keine allzu große Nähe gestatten. Der Ritter muß seine Dame aus einer Ferne anbeten, die nur in seltenen und flüchtigen Augenblicken überschritten werden darf, während die Ehegatten ihr sexuelles Leben ohne die höheren seelischen Ansprüche der Minne im Alltag miteinander teilen.

Ähnlich wie im Minnedienst verhält es sich bei Dante, in dessen Seele die Geschlechtsliebe ihre höchste religiöse Verklärung, aber nicht ihre volle Realisierung erfuhr. Dante verherrlicht Beatrice als Führerin in die Regionen der himmlischen Seligkeit; die Frau aber, mit der er verheiratet ist, hat keinen Anteil an seinem geistigen Leben. Auch die Liebe Petrarcas zu Laura entstammt einer Erotik, die der Distanz bedurfte; auch ihr haftet etwas von dem Madonnenkultus an, dessen Ausstrahlungen auf die Gestalt der Beatrice einen überirdischen Schimmer werfen. Die fromme Inbrunst, die sich an dem Bilde der allerheiligsten Jungfrau Maria berauscht und mit ihren Zügen die irdische Geliebte ausstattet, um sie durch die Kraft einer religiös entflammten Erotik über das irdische Maß hinauszuheben, verträgt sich nicht mit den Einflüssen der Wirklichkeit, denen die Ehe ausgesetzt ist. Jene Verknüpfung sexueller Antriebe mit seelisch-persönlichen, in der wir das Wesen der höheren Erotik erblicken, mußte erst einen weiteren Schritt in ihrer Entwicklung machen, ehe sie auch die trennende Schranke der Distanz überwinden konnte.

Wie die asketische Auffassung der Sexualität hat auch die psychisch-erotische eine subjektive Wurzel; sie entspringt einer Konstitution, in der das Geschlechtliche, auf das engste mit dem Seelischen verwachsen, zu einem einheitlichen Empfinden geworden ist. Mit anderen

Worten: diese Konstitution ist so beschaffen, daß entweder schon das Auftreten sexueller Regungen oder mindestens die Neigung zu ihrer Befriedigung an seelische Bedingungen geknüpft erscheint. Physiologisch wäre diese Konstitution aus einer Vervollkommnung des zerebralen Apparates zu erklären. Die Nervenbahnen, welche dem Bewußtsein die lokalen sexuellen Impulse vermitteln, sind im Gehirn organisch mit Nervenbahnen verbunden, welche den höheren psychischen Vorgängen dienen, so daß jene ersteren auf Reize von außen nicht reagieren können, ohne das seelische Gebiet gleichzeitig in Tätigkeit zu setzen. Diese organische Verbindung der Nervenzentren untereinander erscheint im denkenden Bewußtsein als „Einheit von Seele und Sinnlichkeit", als beseelte Sexualität.

Damit begegnen wir einem neuen Typus des Menschen. Werfen wir einen Blick auf die Entwicklung, die der Mensch vom bloßen Sinnenwesen zum Geisteswesen durchgemacht hat, so können wir schematisch drei Stufen unterscheiden.

Der Mensch der ältesten Kulturzeit lebt gleich dem Wilden in einer naiven Daseinsbejahung, die Geist und Natur im menschlichen Bewußtsein noch nicht einander gegenübergestellt hat. Auf dieser Stufe bildet die Sexualität keine Quelle innerer Konflikte, weil alle feindlichen Reaktionen des Geistes wider die Sinnlichkeit fehlen. Das Persönlichkeitsbewußtsein ist zu unentwickelt, als daß es sich durch die Antriebe, die das Individuum der Gattung dienstbar machen, beeinträchtigt fühlen könnte.

Auf der zweiten Stufe finden wir den Menschen des Zwiespaltes. In seiner psychischen Konstitution gibt es keine Möglichkeit, das Gebiet des Sexuellen mit dem des Geistigen zu versöhnen. Die erwachende Persönlichkeit flüchtet vor den Ansprüchen der Sinnlichkeit in die Welt religiöser oder philosophischer Metaphysik, deren Schöpfer oder Bekenner diese Zwiespaltsmenschen sind. Um dem Konflikt zwischen Seele und Sinnen zu entgehen, wählen sie die völlige Enthaltung, oder sie führen ein Leben in zwei getrennten Sphären, die sie nicht miteinander in Übereinstimmung setzen können.

Auf der dritten Stufe aber wird die Einheit zwischen dem geistigen und dem sinnlichen Leben in einer Synthese wiederhergestellt. Die sexuellen Impulse verbinden sich konstitutionell mit Antrieben aus dem Gebiete des höheren Seelenlebens und verlieren auf diese Weise den Charakter des Herabsetzenden, der freien Persönlichkeit Feindlichen. Dieser Zustand des Gleichgewichtes kann ein angeborener sein, als eine organische Wesensharmonie Werk der Natur, oder er kann als Erstrebung eines der Wesensanlage möglichen, aber erst durch Willensanspannung zu erreichenden Ausgleichs Werk der persönlichen Kultur sein.

Zeitlich lassen sich diese drei Typen ungefähr nach den drei Weltaltern der europäischen Kultur scheiden — was aber nicht heißen soll, daß in der Gegenwart einer davon der überwiegende ist. Die Epoche des frühen Altertums wird durch den Typus der primitiven Einheit gekennzeichnet, dem alle Sitten und Anschauungen dieser Zeit entsprechen. In ihrem Verlaufe tritt der Typus des Zwiespalts auf, der Mensch der überwiegenden Geistigkeit, der wie die meisten großen Denker und Lehrer der späteren Antike die Welt der Materie als die hinderliche und feindliche ablehnt, um sich von der Herrschaft sinnlicher Bedürfnisse zu befreien.

Unter dem Einfluß des Zwiespaltsmenschen und der Werte, die er verficht, beginnt die mittelalterliche Kultur; aber schon im Minnedienst, der den Versuch darstellt, das Übersinnliche mit dem Sinnlichen zu einem neuen Gefühlserlebnis zu verschmelzen, kündigt sich die Umwertung an, die durch den Typus der Synthese an der Schwelle der Neuzeit eine Wiedergeburt, eine Renaissance des ganzen Kulturlebens herbeiführt.

Diese Umwertung war aber nicht einfach eine Rückkehr zur primitiven Einheit des antiken Menschen. Gerade bei den höchsten Repräsentanten der Renaissance, wie beispielsweise bei Michelangelo, stellt sich neben die ästhetische Bejahung des Lebens ein asketisches Moment durch die bewußte Überordnung des Geistigen über das Sinnliche. Dennoch trägt Michelangelos Verhältnis zu Vittoria Colonna einen wesentlich anderen Charakter als dasjenige Dantes zu Beatrice oder Petrarcas zu Laura. Zwar bleibt Vittoria Colonna die platonisch Geliebte, aber sie ist zugleich die teilnehmende Freundin, deren Beziehungen zu Michelangelo durchaus nach innigster seelischer Nähe zielen. Die Distanz ist hier wenigstens seelisch völlig überwunden. Den Triumph ihrer Vermählung mit der irdischen Liebe aber feiert die himmlische in einem Bild des Mönches Filippo Lippi, der die Nonne, mit der er ein Kind hatte, als Madonna mit dem Jesusknaben darstellte. Diese Unbefangenheit ist nicht ein Zeugnis seiner moralischen Verworfenheit, sondern des friedlichen Einvernehmens zwischen Erotik und Frömmigkeit in seinem Seelenleben.

In ihrer vollendeten sinnlich-übersinnlichen Gestalt bedeutet die Geschlechtsliebe die wahre und völlige Aussöhnung von Gattung und Persönlichkeit, zugleich die Aussöhnung der geistigen Sphäre mit der sinnlichen; für diese Liebe gibt es keinen Gegensatz zwischen Geist und Körper. Daher verlieren, auf die Liebe angewandt, die aus der asketischen Auffassung der Sexualität herstammenden Bezeichnungen „rein" und „unrein" ihren Sinn. Sobald sich jene höheren psychischen Leistungen, die man unter dem Namen der Liebe begreift, mit dem sexuellen Begehren verknüpfen, erscheint es im Bewußtsein als „rein", gleichviel, ob sich das Liebesverlangen in sozial erlaubten Formen bewegt oder nicht. Denn eben in dieser Verknüpfung liegt seine Reinigung und Rechtfertigung für das persönliche Empfinden.

Das bedeutet nicht, daß die Liebe, wo immer sie auftritt, die Berechtigung verleiht, alle sozialen Schranken zu überschreiten und sich über alle Hemmungen ethischer Art hinwegzusetzen; nur die moralische Scheidung in „rein“ und „unrein“, wie sie dem Urteil der unbedingten Askese entspricht, ist auf sie nicht anwendbar.

V

In dem vielgestaltigen Getriebe des Geisteslebens haben wir zwei Richtungen verfolgt: die unbedingte, lebenverneinende Askese als höchsten Ausdruck für das Streben, die Sexualität aus der Persönlichkeit auszutilgen, und die Erotik als höchsten Ausdruck für das Streben, die Sexualität der Persönlichkeit einzuverleiben. Diese Erotik erscheint als die Frucht der bedingten, lebenbejahenden Askese, die im menschlichen Gefühlsleben den Boden für eine neue Entfaltung vorbereitet hat.

Wenn wir uns auf das Wesen und die Bedingungen einer seelisch verfeinerten Erotik besinnen, wird uns nicht verborgen bleiben, daß sie ein Element der Askese als Bedingung enthält. Die Voraussetzung, ohne die sie sich nicht verwirklichen kann, trägt insofern einen asketischen Charakter, als das elementare Triebleben durch Überordnung des Geistigen in die Macht der Persönlichkeit gegeben sein muß. Schon in der Ausschließlichkeit, mit der sich die Liebe auf eine bestimmte Person richtet, offenbart sich der Wille, über die bloße Geschlechtsbefriedigung hinaus den Trieb höheren Motiven zu unterwerfen. Auch dann, wenn die Erfüllung der Liebe durch äußere Umstände verhindert wird, behauptet sich in vielen Fällen der Wille zur Ausschließlichkeit gegenüber der Versuchung zu anderer Befriedigung. Um nur ein Beispiel von unzähligen anzuführen: In seinem Verhältnis zu Sofie Löwenthal hat Lenau viele Jahre lang mit heroischer Askese der ihm unerreichbaren Frau Treue bewahrt.

Nicht geringer ist die Rolle der Askese bei der Verwirklichung der Liebe im gewöhnlichen Leben. Ein Liebesverhältnis, das auf Seelengemeinschaft beruht, bedarf einer innigen und andauernden Nähe; es wird, ob mit oder ohne gesetzliche Sanktion, zur Ehe. Aber wie die Natur des Menschen einmal beschaffen ist, kann die Liebe in der Ehe nur dann ohne zerstörende Nebenwirkungen erhalten bleiben, wenn sich beide Teile ein System von Rücksichten auferlegen, das durch Überordnung seelischer Motive über die Schwankungen der elementaren Impulse erreicht werden muß.

Diese Willensanspannung im Dienste eines höheren ideellen Zweckes gehört aber ganz eigentlich in das Gebiet der Askese.

Liebe ist Geschenk des Schicksals, ist Gnade und unverdient; Ehe aber ist eigenes Werk, ist Eroberung und Bewahrung des Glückes durch persönliches Verdienst, Lebensbeherrschung durch Überwindung.

Noch eine andere Beziehung der Erotik zur Askese wird in ihrem Verhältnis zum Leiden offenbar. Wo das Verhältnis zweier Menschen nur auf Lustgewinn eingestellt ist, in den sexuellen Abenteuern ohne seelische Gemeinschaft, endet die Neigung, sobald sie mit den Schwierigkeiten des Lebens beladen wird; alle wirklich Liebenden aber fühlen sich nicht völlig, nicht restlos verbunden, ehe nicht ihre Seelen im Feuer des Leidens ineinanderschmelzen. Die Liebe sucht in der Überwindung des Trennenden, das sie als das Leiden schlechtweg empfindet, ihre Erprobung und Beglaubigung, und wenn die äußeren Verhältnisse allzu glatt und konfliktlos sind, schafft sie aus sich selbst Leiden, um sie zu besiegen. Sie wächst in der Überwindung; Schmerz ist Zündstoff, der ihre Flamme höher entfacht, ihre Seligkeit erst verwirklicht, ganz im Geiste des Mystikers, der

sagt: „Es gibt nichts Bittereres als leiden und nichts Honigsameres als gelitten haben."
Daß die Liebe, und auch die Geschlechtsliebe im engeren Sinne, als höchstes seelisches Erleben unter der Herrschaft des Christentums ihre Entfaltung gewann, ist daher tiefbegründet; sie stammt ja auch, wenn Nietzsche recht hat, wie das Christentum selbst aus der jüdischen Gemeinde, also aus dem Herzen jenes Volkes, das unter allen das stärkste Verhältnis zum Leiden besessen und in seiner historischen Laufbahn am meisten gelitten hat.

VI

Um in der Kulturgeschichte eine Bewertung der Askese unabhängig von den mit ihr verknüpften Glaubensillusionen zu finden, müssen wir dort haltmachen, wo nach der Verlotterung, die der Dreißigjährige Krieg über Deutschland gebracht hatte, neue Ideale geistigen Lebens erwachen.
Gemeint ist das Zeitalter von der Mitte des 18. bis zur ersten Hälfte des 19. Jahrhunderts. Die Lebensform der Galanterie, wie sie sich in Frankreich unter Ludwig XIV. ausgebildet hatte, wird dabei übergangen, weil sie mehr mit der Ovidschen Ars amandi verwandt ist als

mit der verinnerlichten Erotik, die zum Gegenstand dieser Ausführungen gehört. In Deutschland aber beginnt sich ein Jahrhundert später eine bemerkenswerte Umwandlnng der Sitten und Anschauungen in einer Richtung zu vollziehen, deren Ziel das Ideal der Liebesehe ist. Bis dahin hatte die Konvenienz in Gestalt sozialer und wirtschaftlicher Motive als Beweggrund der Eheschließung allgemeine Anerkennung genossen; nunmehr erobert sich die gegenseitige Liebe als Motiv der Eheschließung immer mehr den ersten Rang. Die Auffassung der Ehe als Liebesbündnis bedeutet den Triumph der Erotik über alle trennenden Schranken von außen und innen; zugleich aber tritt das Element der Askese, das allein die Dauer der Liebesehe verbürgen kann, in dem Lebensideal der klassischen Zeit sichtbar hervor.

Dieses Ideal macht sich die Askese im Interesse einer ästhetischen Lebensordnung dienstbar; es überschreitet ebensowohl die sinnenfeindliche Auffassung der christlichen Frömmigkeit wie die flache Lebenskunst des galanten Libertinismus.

In ihrer absoluten Gestalt stellte die Askese eine Tyrannis des Geistes dar, die neben sich keine elementare Lebensmacht dulden will;

nach dem Ideal der klassischen Kultur sollte, wie in den sozialen Verhältnissen, so auch in der Verfassung der Persönlichkeit ein freieres Regiment Geltung gewinnen. Askese nicht als Mittel der Weltüberwindung, sondern als Mittel der inneren Versöhnung, als Weg zur Harmonie des Seelenlebens — das war die Auffassung dieser Persönlichkeitskultur. Als gebändigte Kraft konnte auch die Sinnlichkeit in der oligarchischen Verfassung zu Ehren bestehen, in der die Persönlichkeit zusammen mit den Mächten des elementaren Lebens einträchtig regiert. Auch hier kommt der Askese die ursprüngliche Bedeutung des Wortes zu: sie ist eine „Übung" in der Beherrschung des Trieblebens durch höhere Seelenkräfte — in der Beherrschung, nicht in der Unterdrückung und Ausrottung. Das unbeherrschbare Elementare wird immer ein Feind der Persönlichkeit sein, das Elementare als gebändigte Kraft ihre stärkste Stütze. Daher ist ein Rangunterschied der inneren Antriebe notwendig, eine Wertung des Lebens nach höheren Bedürfnissen, unter denen das nach Übereinstimmung mit sich selbst, nach Sicherung der Persönlichkeit vor den Einbrüchen elementarer Gewalten das wichtigste ist. Wenn die Freiheit im äußerlichen Sinn die Entbundenheit von äußeren Verpflichtungen und Satzungen ist, so besteht die innere Freiheit in der Unabhängigkeit von den unberechenbaren Anwandlungen der eigenen Physis. Innerlich frei ist nur, wer seine eigene Person so organisiert hat, daß sie sich über ihre niedrigen Antriebe hinweg für die höheren entscheidet, nicht durch Willkür, sondern aus Neigung.

Die schönste Formulierung dieser Art des Seins, ein unvergängliches Dokument hoher Persönlichkeitskultur, hat Schiller in seiner Abhandlung über Anmut und Würde gegeben. Was Schiller Anmut nennt, ist der Ausdruck der schönen Sinnlichkeit; und, „so wie die soziale Freiheit zwischen dem gesetzlichen Druck und der Anarchie mitten inne liegt", findet er die Schönheit „zwischen der Würde als dem Ausdruck des herrschenden Geistes und der Wollust als dem Ausdruck des herrschenden Triebes in der Mitte. Die Bedingung, unter der das Ästhetische im Menschen sich verwirklicht, ist derjenige Zustand des Gemütes, wo Vernunft und Sinnlichkeit, Pflicht und Neigung zusammenstimmen." Von dem Gegenstand ihrer Neigung fordern die Liebenden Würde, weil sie allein ihnen Bürge ist, daß nicht das Bedürfnis, sondern die freie Wahl den Bund geschlossen hat. Der Liebende will nicht als Sache begehrt, sondern als Person hochgeschätzt werden.

Wir sehen, der Schillersche Begriff der Würde als Bestandteil der psychischen Erotik enthält ein Element der Askese, sofern man unter Askese nicht die willkürliche Unterdrückung der sinnlichen Natur, sondern ihre Beherrschung durch die geistige versteht — also das, was wir als lebenbejahende Askese bezeichnet und als Bedingung für die Sublimierung der Sexualität zur Geschlechtsliebe erkannt haben.

Die Auffassung der Askese als Persönlichkeitswert war den meisten großen Menschen jener Epoche eigen. Es ist ein asketisches Wort, das Fichte aussprach: „Alle Kraft des Menschen wird erworben im Kampf mit sich selbst und Überwindung seiner selbst“, gleichwie Goethe als das letzte Geheimnis der inneren persönlichen Überlegenheit ein asketisches Moment gepriesen hat, als er sagte: „Von der Gewalt, die alle Wesen bindet, befreit der Mensch sich, der sich überwindet.“

Aber nicht etwa eine Verleugnung der diesseitigen Welt im Sinne der unbedingten Askese wird damit verkündet, und noch weniger jene paulinische Negation des menschlichen Selbstbewußtseins vor Gott, dem allmächtigen Töpfer, der mit dem Menschen wie mit einem bloßen Gefäß schaltet, sondern vielmehr in deutlichem Anklang und Gegensatz dazu die höchste Verherrlichung der menschlichen Persönlichkeit, deren Eigenwert sich in der Überwindung manifestiert. Das bezeugen die dem zitierten Ausspruch vorangestellten Verse:

„Wenn einen Menschen die Natur erhoben,
Ist es kein Wunder, wenn ihm viel gelingt;
Man muß in ihm die Macht des Schöpfers loben,
Der schwachen Ton zu solcher Ehre bringt;
Doch wenn ein Mann von allen Lebensproben
Die sauerste besteht, sich selbst bezwingt,
Dann kann man ihn mit Freuden andern zeigen
Und sagen: Das ist er, das ist sein eigen.“

Diese Worte öffnen unendliche Perspektiven. Alles, was über Gnadenwahl und Prädestination, Willensfreiheit und Determinismus unter Aufgebot letzten Tiefsinnes jemals gesagt wurde, vereinigt sich hier wie in einem Brennpunkt zum Triumph der menschlichen Persönlichkeit. Die Entwicklung, die das Persönlichkeitsbewußtsein in achtzehn Jahrhunderten durchschritten hat, ergreift das logisch unlösbare Problem und verlegt es in die Tat der

Selbstüberwindung, die Kette der Notwendigkeit ist gesprengt, frei steht der Wille dem Schicksal gegenüber, das ihn nicht zu brechen vermag.

VII

Die psychischen Erwerbungen, die den Entwicklungsprozeß der Persönlichkeit begleiten, tragen allerdings zugleich den Zwiespalt zwischen Körper und Seele in die menschliche Natur und führen dadurch eine Verminderung an Lebensglück, an einheitlicher Lebenskraft herbei. Doch darf man nicht verkennen, daß der Zwiespalt die verschiedenartigsten Wirkungen mit sich bringt, lebensfeindliche ebensowohl wie lebensfördernde. Auch das Seelenleben der Synthese ist nicht so aufzufassen, als wäre durch ein angeborenes Gleichgewicht eine völlige Übereinstimmung der Antriebe hergestellt und alles Widerspruchsvolle aufgelöst. Ja man darf wohl sagen, die Individualität läßt sich unter dem Bilde der Zusammengesetztheit aus ungleichartigen Bestandteilen eher verstehen als unter dem Bilde einer geschlossenen Einheitlichkeit. Nur daß in jener Erscheinung, die wir Persönlichkeit nennen, die ungleichartigen Wesensbestandteile von einem inneren Zentrum aus beherrscht und nach einem bestimmten Rangverhältnis geordnet werden. Die Entscheidung in den Konflikten zwischen Triebleben und Vernunft muß im einzelnen Fall eben durch die autonome Moral der Persönlichkeit gefällt werden.

Nicht der Zwiespalt an sich kann also den Gegenstand der Bewertung bilden; sein Wert oder Unwert ist nur an seinen Wirkungen zu ermessen. Trug nicht der Zwiespalt bei Goethe wesentlich andere Früchte als bei Augustinus oder, um einen Modernen zu nennen, bei Schopenhauer —? Im Leben Goethes hatte die Überwindung des Zwiespalts als Weg zur inneren Harmonie die führende Bedeutung, während die Leistung Schopenhauers die Auslegung und Verherrlichung des Zwiespalts im Sinne der Lebensverneinung war. Schopenhauer hat nach dem Vorbild der unbedingten Askese die Sexualität als das verwerfliche Mittel zur ewigen Erneuerung eines verworfenen Lebens dargestellt; Goethes tiefste Weisheit aber konnte zu Gretchen als der Verkörperung des sexuellen Schicksals im Leben Fausts sagen: „Komm! hebe dich zu höhern Sphären! Wenn er dich ahnet, folgt er nach.“ Im Faust führt das Schreiten zur Vollendung durch Versöhnung der zwei Seelen auch dort, wo die tragischen Konflikte der Sexualität liegen, nicht zur Verneinung; aus dem Becher der Sinnlichkeit trinkt der weltabgewandte Faust das Vermögen, sich von der Einseitigkeit der spiritualistischen Lebensführung zur Totalität des Seins zu erheben.

Ein anderes großes Werk der deutschen Kunst, dessen Problem das Verhältnis zur Sexualität ist, Parsifal, bewegt sich hingegen auf der Linie der verneinenden Askese. Kundry, nicht wie Gretchen durch Erfüllung eines sexuellen Schicksals entsühnt und erhöht, wird erlöst durch den, der ihr widersteht, und sinkt tot zu den Füßen des Überwinders hin. Im Wagnerschen Parsifal erlebt die asketische Verneinung der Sexualität ihre Auferstehung.

Und je mehr wir uns der Gegenwart nähern, desto mehr tritt das Goethesche Lebensideal wieder zurück. Anschauungen und Zustände nehmen überhand, in denen alle Arten zwiespältiger Geistigkeit und Ungeistigkeit in chaotischer Richtungslosigkeit ihr Wesen treiben. Neben der äußersten Geringschätzung jeder metaphysischen Weltinterpretation begegnen wir der Verherrlichung längst überlebter Anschauungen; auf der einen Seite werden die